UNIVERSITÉ DE FRANCE.

ACADÉMIE DE STRASBOURG.

THÈSE

POUR LA LICENCE,

PRÉSENTÉE

À LA FACULTÉ DE DROIT DE STRASBOURG

ET SOUTENUE PUBLIQUEMENT

LE LUNDI 23 AOUT 1847, A MIDI,

PAR

PAUL-JOSEPH-FORTUNÉ-LÉON CROCHET,

de Saverne (Bas-Rhin).

STRASBOURG,

DE L'IMPRIMERIE D'ÉDOUARD HUDER, RUE DES VEAUX, 27.

1847.

A MA MÈRE.

A LA MÉMOIRE

DE MON PÈRE.

L. CROCHET.

FACULTÉ DE DROIT DE STRASBOURG.

JUS ROMANUM.

DE FORMATIONE, PROMULGATIONE, PUBLICATIONE ET ABROGATIONE LEGUM.

PROŒMIUM.

Jus est ars boni et æqui (l. 1, D. de just. et jur.) et indè jurisprudentia est justi atque injusti scientia. Et generalis quidem est illa definitio, quia jurisconsulti plerique cum legum studio philosophiam olim conjunxere, et ejus principiis leges interpretati sunt.

Tria erant juris genera apud Romanos : 1° jus naturale; 2° jus gentium; 3° jus civile.

Jus naturale est quod natura omnia animalia docuit (l. 1. D. de just. et jur). Hoc quidem intelligitur omnia ad quæ homines et animalia naturali vi trahuntur, sicut maris atque feminæ conjunctio, liberorum procreatio, etc.

Jus gentium est, quo gentes humanæ utuntur (l. 1, § 4. D. de just. et jur.). Id est universales regulæ, vel ratione inter homines constitutæ, vel usu exigente et humanis necessitatibus introductæ, quas omnes in terrâ sequuntur homines.

1

Denique jus civile est, quod quisque sibi populus constituit et cujusque civitatis proprium est (l. 9, D. de just. et jur.). Hoc quidem jus ex aliis differt, quòd uni populo aut uni civitati, jus autem naturale vel gentium, universo generi humano proprium est. Unum' quidem est jus gentium, tot sunt jura civilia quot civitates.

Jus civile dicitur scriptum, id est promulgatum; vel non scriptum, id est non promulgatum.

Juris scripti sex species erant : Lex, Plebiscitum, Senatûs-consultum, Principum constitutiones, Magistratuum edicta, Responsa prudentium. Non autem ad singulas has species pergere debemus, sed tantùm præcipuas considerare, quæ sunt leges et principum constitutiones : pauca de Plebiscitis et Senatûs-consultis dicenda.

CAPUT PRIMUM.

DE LEGIBUS.

§ I. Lex in prioribus reipublicæ temporibus erat, quod populus Romanus, senatorio magistratu interrogante, veluti consule, constituebat (J. l. 1, tit. 2, § 4).

Primùm quod constituere volebat, scribebat vel consul, vel prætor, vel dictator et deindè cum senatu communicabatur lex. Senatus futuram legem inspiciebat, et si placuerit, Senatûs-consulto eam ferri jubebat.

Tunc publicè proponebatur lex, et per trinundinum, id est per septem et viginti dies, eam inspicere poterat quisquis; idque ità constituebatur, ut rustica plebs quæ singulis nundinis in urbem veniebat, legem cognoscere posset : et hoc quidem legis promulgatio nominabatur.

Posteà in comitiis lex ferebatur, ubi omnes convocati cives de anti-

quandâ aut admittendâ lege deliberant. Et primùm legem recitabat
præco : deindè suadebat aut dissuadebat, quisquis dicere desiderabat.

Rogabat Senatorius magistratus solemni formulâ : velitis jubeatis
Quirites, hoc ità uti dixi ; ita vos, Quirites, rogo ; addebaturque : si
vobis videtur, discedite Quirites. Quo facto, quisque in centuriam tri-
bumve discedebat, suffragium laturus.

Suffragia per tabulas lata erant. Duæ quidem tabulæ distribueban-
tur, una cui A. (antiqua probo) una cui U. R. (uti rogas) inscriptum
erat. Qui legem non admittere volebant in cistulam tabellam conji-
ciebant quæ A. ferebat : qui autem bonam esse legem censebant alte-
ram projiciebant tabellam. Numerabantur deniquè tabellæ : si plures
legem probabant, scita vel perlata , sin rejiciebant antiquata diceba-
tur lex.

Deniquè tandem jurejurando firmata erat, et ut cujusvis ad cogni-
tionem facilè perveniret, æri incisa et in ærarium delata erat.

§ II. Plebiscitum olim erat, quod plebs, plebeio magistratu interrogante, veluti tribuno, constituebat (l. l. 1 tit. 2 § 4). Hoc igitur dif-
ferebat à lege plebiscitum quod non à toto populo ferebatur, neque
rogante senatorio magistratu. Soli enim plebeii plebiscitum (ut in-
dicat nomen), ferebant ; nec ea patricii observare volebant. Quidquid
tributim plebs ità jussisset, tabulis inscriptum erat, et ædilibus ple-
beiis custodiendum, dabatur (l. 2. § 21. D. de or. jur.).

Latâ autem lege Horatiâ, nulla fuit inter leges propriè dictas et ple-
biscita differentia, secundùm effectus (l. 2. § 8. D. de or. jur.).

CAPUT SECUNDUM.

DE PRINCIPUM CONSTITUTIONIBUS.

§ I. Non statìm quidem principes ipsi leges tulerunt, et Augustus
antiquam rogationi formam reliquit. Sed brevì, Tiberius persuasit

populo, qui ob multitudinem difficilè in comitia convenire poterat, meliùs esse senatum omnes leges cognoscere et rogare, et sic comitia è campo transtulit in curiam (Tacite ann. l. 2 § 9 D. de or. jur.). Ità senatus, cujus olim non legum vim habebant decisiones, legislatoris potestatem habuit. Sed imperator omnia quæ volebat ferre jubebat, senatoresque ei resistere nec audebant, nec quidem cogitabant.

Hoc modo constituebantur senatûs-consulta : senatu convoca to princeps aut ipse, aut per quæstorem candidatum (l. un, § 2 et 4, D. de off. quæst) orationem præmittebat quâ legem suadebat, ut quoque videtur (l. 3, C. de leg.) : «quæ missæ (leges) à nobis ad venerabilem cætum oratione conduntur.»

Consul deindè sententiam senatores rogabat : qui hæc sentitis in hanc, qui alia omnia, in illam partem discedite quâ sentitis. Tum surgebant senatores et si plures principis orationem probabant in eam sententiam scribebatur senatûs-consultum. Deindè æri incisum, in ærarium deferebatur.

§ II. Senatûs-consulta in usu fuerunt tamdiù quamdiù dissimulandum videbatur imperatoribus. Non autem diù neglexere imperatores potestatis hanc altissimam partem et brevi rariora fuere senatûs-consulta quæ tandem evanuerunt. Tùm fecit legem imperatoris voluntas : quod principi placuit, legis habet vigorem : utpotè cum lege regià, quæ de imperio ejus lata est, populus ei et in eum omne suum imperium et potestatem conferat. (I. 1 pr., de const. princ.) Et tunc legis mutatur definitio : lex est commune præceptum, virorum prudentium consultum. (l. 1, D. de leg.)

Constitutiones principum, ut in Novellis et Edictis apparet, hâc formâ ab imperatore promulgabantur: quæ nobis placuerunt, et per hanc sacram nostram declarantur legem, excellentia tua effectui et fini tradere studeto (J. Ed., 4); beatitudo igitur tua, quæ nostra sanxit æternitas, modis omnibus ad effectum perducere non differat (N. 10, tit. 6).

Ut autem constitutiones de publicis confectæ causis valerent, priùs eas insinuare debebat prætoriorum præfectus. Absurdum enim fuerit, sacram formam pro publicis confectam causis, non priùs insinuari throno excellentiæ tuæ, atque ità transmitti in provincias, finique contradi, dicit Justinianus (N. 152, præf.). Jubebat imperator, insinuatas leges in provincias deindè transmittere præfectus.

Non quidem satis est legem existere sed et ad cives pervenire debet. Leges ab omnibus intelligi necessarium est, ut universi præscripto earum manifestiùs cognito, vel inhibita declinent, vel permissa sectentur (1, 9, C. De leg.). Jubebat igitur imperator secundùm legis naturam, aut sacrorum officiorum magistro, aut archiepiscopo, aut prætoriorum præfecto leges in publicum producere, easque ad provinciarum præsides mittere. Hi verò præsides per omnes civitates leges mittere debebant sub unâquâque provinciâ constitutas, ut nullus occasionem sumeret cujuslibet ignorantiæ (N. 66, c. I, § 3).

Ad novam observandam legem astringi poterant cives, statim ac provinciarum præsides eam palàm fecerant: (Merl. loi, § I, n° 1) ex die quo promulgata est, vires suas igitur lex obtinebat (l. 65. C. de decur.). Atque hæc firmavit Justinianus : ne importunitatem patiamur de his per singulos et dies et formas scribere cogamur : proptereà sancimus seniorem quidem in Justinianeo positam codice legem valere, hic quidem ex quo insinuata est : in provinciis autem ex quo directa et palàm facta est in unâquâque metropoli aut aliâ civitate (Nov. 66, c. I, § I.).

Aliquandò tamen speciali jubebat Justinianus dispositione legem vim habituram post certum tempus : sciant quod nisi intra tres menses ex quo hæc lex insinuata fuerit, hæc correxerint, sub pædictâ pænâ fient (N. 58).

Sancimus, si scripta fuerit hujus modi lex, hanc post duos menses dati ei temporis valere (N. 66, c. I, pr).

CAPUT TERTIUM.

DE ABROGATIONE LEGUM.

Nunc et videre debemus, quomodò lata lex vim habere desinit. Qui potestatem habet leges imponere, et solus jus habere potest quas tulit, invalidas declarare. Quamdiù autem leges non infirmantur, cogitur quivis earum observare præcepta et pænà mulctari debet, etiam si se legem ignoravisse allegat. Constitutiones principum nec ignorare quemquam, nec dissimulare permittimus (l. 12. C. de ign. jure).

Vim amittit lex aut prorsùs, et tum legi abrogatur; aut partìm et legi degoratur (l. 102, de verb sig). Lex aut rogatur, id est fertur; aut abrogatur, id est prior lex tollitur; ant derogatur, id est pars primæ legis tollitur; aut subrogatur, id est adjicitur aliquid primæ legi; aut obrogatur, id est mutatur aliquid ex primâ lege (Ulp. frag. 1 , § 3).

Abrogatio est vel expressa, vel tacita.

Expressa abrogatio est quæ expressis verbis priora legis præcepta tollit, cùm evidenti utilitate recedatur ab eo jure quod diù æquum visum est. Atque multa in Digestis, vel in Codice invenimus exempla ut : (C. De leg. Fur. Can. tol. [Nov. 118 et 127.], l. 7, C. de usuc. trans., l. 8, C. de inf. pæn. cel.).

Est tacita abrogatio cùm non quidem expressis verbis tollitur lex, sed cùm posterior præcepta continet, quæ priori sunt contraria. Non est enim novum, ut priores leges ad posteriores trahantur (l. 26, D. de leg.). Constitutiones posteriores, tempore potiores sunt his, quæ ipsas præcesserunt (l. 4, D. de Const. princ.).

Sed et posteriores leges ad priores pertinent nisi contrariæ sint (l. 28, D. de leg.). Cùm igitur nova lex non prorsùs antiquæ contraria

est, derogatur ei tantùm, et omnia quæ non posteriori opponuntur
præcepta non tolli debent.

Inveterata consuetudo pro lege non immeritò custoditur. Nam cùm
ipsæ leges nullâ aliâ ex causâ nos teneant, quàm quod judicio populi
receptæ sunt, meritò et ea quæ sine ullo scripto populus probavit, te-
nebunt omnes (l. 32, § 1, D. de leg.).

Itaquè putat Julianus omnium consensu tacito legem abrogari posse,
et quidem idem sentit Hermogeniamus : ea quæ longâ consuetudine
comprobata sunt, ac per annos plurimos observata, velut tacita
civium conventio, non minùs quàm ea quæ scripta sunt jura, servan-
tur (l. 35, D. de leg.).

Et id quidem verum erat in veteribus Romæ temporibus, cùm cives
ipsi leges rogabant : cùm autem leges solâ imperatorum voluntate latæ
fuerunt, tunc jam hæc negaverunt præcepta principes, ut videre pos-
sumus (l. 2, C. quæ sit long. [cons.). Consuetudinis usûsque longœvi
non vilis auctoritas est : verùm non usque adeò sui valitura momento
ut aut rationem vincat aut legem. Magnam autem habuere mores
auctoritatem : consuetudo probata et servata leges ipsas imitatur, et
sæpè imperatores consuetudines veteres firmaverunt, et ut leges obser-
vari jusserunt (l. 3, C. quæ sit long. cons.).

DROIT CIVIL FRANÇAIS.

DE LA PROMULGATION, DE LA PUBLICATION ET DE L'ABROGATION DES LOIS CIVILES.

INTRODUCTION.

Avant la révolution de 1789 , la loi était faite en France par le roi ; puis elle était envoyée aux parlements qui l'enregistraient. En quelques ressorts , la loi était censée promulguée et était obligatoire, du jour où elle avait été enregistrée par le parlement de la province : dans d'autres, l'enregistrement n'était que le complément de la loi ; la promulgation se faisait par l'envoi aux sénéchaussées et bailliages, et la loi ne devenait obligatoire que par la lecture en audience publique. Le mois seul où la loi avait été faite était indiqué, et la sanction était confondue avec la promulgation, toutes deux ayant la même date. Les lois n'étaient obligatoires que par l'enregistrement des parlements qui se refusaient quelquefois à les enregistrer, ou ne le faisaient qu'avec la mention que c'était sur l'ordre exprès du roi. Ce système de publication avait de grands inconvénients : d'abord en ce que l'enregistrement et la lecture en audience publique n'étaient pas suffisants pour faire connaître la loi ; ensuite, parce que la publication et l'exécution des lois dépendant des parlements, des sénéchaussées et des bailliages, il s'écoulait souvent un long espace de temps entre le moment où la loi était faite, et celui où elle devenait obligatoire. Aussi, pour les lois importantes, le roi indiquait parfois un délai, à l'expiration duquel elles étaient obligatoires pour tous. Ainsi Louis XIV fixa au 12 novembre 1667 l'époque où l'ordonnance d'avril 1667 serait obligatoire ; et au 1ᵉʳ janvier 1671 celle où l'ordonnance du mois d'août 1670 devrait être exécutée.

Lorsque l'Assemblée constituante eut été convoquée et qu'elle eut établi le principe que c'était à la nation qu'il appartenait de faire les lois, elle rendit le 9 novembre 1789 un décret, par lequel elle ordonna que les lois fussent adressées par le ministre de la justice, non seulement aux parlements, mais encore à tous les tribunaux, aux corps administratifs et aux municipalités, et qu'elles ne fussent obligatoires, dans le ressort de chaque tribunal, que du jour où les formalités de la transcription sur les registres et de la publication par affiches auraient été remplies.

Mais ce décret ne fut pas exécuté, et la loi du 2 novembre 1790 eut pour but de fixer des règles positives à cet égard. Elle était divisée en deux parties : la première était destinée à donner force de loi aux ordonnances, lettres patentes, décrets, etc., pour la publication desquels on ne s'était pas conformé au décret du 9 novembre 1789 ; la seconde partie s'occupait des formalités à remplir pour la publication des lois futures. Elle exigeait que la publication se fît dans les chefs-lieux de département par l'administration du département, et dans les communes, par la municipalité qui y était attachée. La loi du 13 juin 1791 ne fit que confirmer les dispositions de cette loi en ce qui concernait la publication et le moment où la loi était exécutoire ; et deux décrets, l'un du 2 octobre 1793, l'autre du 12 frimaire an II, s'y sont conformés.

Mais on trouva que ce mode de publication n'était pas suffisant pour porter la loi à la connaissance des citoyens, et la loi du 14 frimaire

2

an II, ordonna que les lois d'un intérêt général fussent imprimées dans un bulletin numéroté qui serait notifié aux autorités constituées, et ce fut l'origine du Bulletin des lois. Les lois ainsi envoyées devaient être publiées à son de trompe ou de tambour, et elles étaient obligatoires du jour de cette publication.

La Convention fut bientôt remplacée par le Directoire. Le conseil des Cinq-Cents proposait la loi ; le Conseil des Anciens l'adoptait ou la rejetait, et le Directoire exécutif, composé de cinq membres, était chargé de sa promulgation. Celle-ci était ainsi conçue : Au nom de la République française.... suivait le texte de la loi.... le Directoire exécutif ordonne que la loi ci-dessus sera publiée et exécutée, et qu'elle sera munie du sceau de la République.

La loi du 12 vendémiaire an IV abrogea la loi du 14 frimaire an II, en laissant cependant subsister le Bulletin des lois qui devait aussi contenir les arrêtés du pouvoir exécutif, rendus pour l'exécution des lois. Mais les lois, au lieu d'être obligatoires du jour de la publication à son de trompe ou de tambour, l'étaient du jour de l'arrivée du Bulletin au chef-lieu du département et de la constatation de cette arrivée sur un registre.

Enfin, la constitution de l'an VIII, art. 37, décida que la promulgation ne pourrait être faite que dix jours après l'adoption de la loi par le corps législatif sur la proposition du Conseil d'État et que c'était à partir de la promulgation que la loi deviendrait obligatoire. Les dix jours étaient laissés au tribunat pour attaquer la loi qui lui paraîtrait entachée d'inconstitutionalité. Le sénatus-consulte du 28 floréal an XII, porta du tribunat au sénat, le droit d'attaquer les lois qui seraient inconstitutionnelles, et attribua en même temps à l'empereur le droit de les promulguer.

CHAPITRE PREMIER.

La promulgation est l'acte par lequel le roi, comme chef du pouvoir exécutif, rend la loi exécutoire. Au roi seul appartient ce droit (Ch. art. 18); c'est en son nom seul que les tribunaux, les officiers publics, peuvent requérir main forte pour faire exécuter la loi.

Longtemps on a mal distingué ce qu'était la promulgation : on l'a confondue tantôt avec la sanction, tantôt avec la publication.

Avant que les pouvoirs fussent régulièrement divisés en France, on confondait la sanction avec la promulgation, parce que la loi prenait date du jour de la promulgation (cout. d'Orléans, de Moulins, de Blois).

Mais la sanction est essentielle à la loi, elle la complète : la promulgation n'ajoute rien à la nature de la loi, elle la rend simplement exécutoire : «La promulgation, a dit Portalis, est une forme extérieure à la loi, comme la parole et l'écriture sont extérieures à la pensée.» Sous la constitution de l'an VIII, cette confusion devint impossible, puisque la promulgation ne pouvait avoir lieu que dix jours après que la loi avait été décrétée par le corps législatif, acte qui peut être assimilé à la sanction.

Enfin, sous la même constitution s'éleva la question de savoir si la loi devait prendre date du jour de la promulgation, ou de celui où elle avait été décrétée par le corps législatif. On décida que la loi contient avant sa promulgation tous les éléments nécessaires à sa perfection; que si elle ne pouvait avoir d'effet pendant dix jours, ce n'était pas parce qu'elle n'était pas parfaite, mais pour donner le temps au tribunat de l'attaquer pour inconstitutionalité; que ce délai ne faisait que suspendre son exécution, et que si elle n'était pas attaquée elle conservait toute sa force, et son existence remontait au jour où elle avait été décrétée. En conséquence, le Conseil d'État fut d'avis que la loi prendrait date du jour où elle avait été décrétée (Avis du Cons. d'État du 6 pluviôse an VIII. Merl. loi., § 4, n° 6).

Mais bientôt on tomba dans une autre erreur; on ne distingua pas la promulgation de la publication. Cette confusion est évidente dans l'art. 9 du décret du 14 frimaire an II, qui porte : dans chaque lieu, la *promulgation* sera faite dans les 24 heures de la réception (du Bulletin des lois), par une *publication* à son de trompe ou de tambour, et la loi deviendra obligatoire à compter du jour de la promulgation.

L'art. 1er de l'ordonnance du 27 novembre 1816 ne distingue pas non plus la promulgation de la publication. Cet article porte : «A l'avenir la promulgation des lois et de nos ordonnances résultera de leur insertion au Bulletin officiel.» Il suppose évidemment que la promulgation n'est autre chose que l'acte de publication, opéré par l'insertion.

La promulgation ne peut pas, par elle-même, faire connaître la loi : c'est un acte qui est fait par le roi seul, dans son intérieur, et dont on ignore le moment précis. Comment donc pourrait-elle être la publication? La promulgation ne peut être faite que par le roi, au lieu où siége le gouvernement; la publication doit avoir lieu dans toute la France. La promulgation n'a pour effet que de rendre la loi exécutoire; la publication rend publiques pour tous, et la loi elle-même et la promulgation.

Sanction, promulgation et publication sont donc trois actes successifs, dont l'un est la conséquence de l'autre; mais qui ne peuvent se confondre et ont une existence distincte.

Il faut donc que la loi soit promulguée par le chef du pouvoir exécutif pour qu'elle devienne exécutoire (C. 1.). Mais ce n'est que du moment que la loi est publiée qu'elle devient obligatoire, et une nouvelle loi en abrogeant une ancienne, cette dernière subsiste, tant

que la nouvelle n'est pas devenue publique pour les citoyens (Merl.
loi. § 4, n° 5 et § 5, n° 10 ; Cas. 15 avril 1831).

La formule de la promulgation est ainsi conçue : «Nous... Roi des
«Français, à tous présents et à venir, salut.

«Les chambres ont adopté, nous avons ordonné et ordonnons ce
«qui suit (vient le texte de la loi) :

« La présente loi, discutée, délibérée et adoptée par la chambre des
« pairs et par celle des députés, et sanctionnée par nous cejourd'hui,
« sera exécutée comme loi de l'État.

« Donnons en mandement à nos cours et tribunaux, préfets, corps
« administratifs et tous autres, que les présentes ils gardent et main-
« tiennent, fassent garder, observer et maintenir, et pour les rendre
« plus notoires à tous, ils les fassent publier et enregistrer partout où
« besoin sera, et afin que ce soit chose ferme et stable à toujours,
« nous y avons fait mettre notre sceau. »

Sous la constitution de l'an VIII, la promulgation prenait date du
dixième jour après l'adoption de la loi. Depuis l'ordonnance du 27 novembre 1816, elle ne prend date que du jour où le Bulletin des lois
est envoyé de l'imprimerie royale au ministère de la justice, et ce
jour est constaté sur un registre spécial tenu à cet effet.

CHAPITRE II.

DE LA PUBLICATION DES LOIS CIVILES.

SECTION PREMIÈRE.

DISPOSITIONS GÉNÉRALES.

La publication est la manière ou l'acte de rendre publics l'existence
de la loi et le commandement de l'observer (Toullier).

Il est de principe que nul ne peut être obligé à ce qu'il ne peut pas connaître. Il faut donc, pour que la loi puisse être exécutée, qu'elle parvienne à la connaissance des citoyens; il faut qu'elle sorte de la sphère restreinte où elle existe et qu'elle se produise au dehors. Il serait, en effet, injuste et absurde de punir une personne pour avoir omis ou violé une loi qu'il lui était physiquement impossible de connaître.

Mais, dans un état aussi vaste que la France, il est impossible, en fait, que la loi vienne à la connaissance personnelle de chaque citoyen; il faut se contenter de rechercher les moyens suffisants pour que chacun puisse constater son existence, et de fixer l'époque où tous seront censés avoir pu s'en assurer.

C'est donc en vertu d'une fiction légale que la loi parviendra aux citoyens; mais cette fiction devra être telle, que si quelqu'un n'en a pas eu réellement connaissance, il ne devra l'imputer qu'à sa propre faute ou à sa négligence, et qu'il n'aura en conséquence nul droit de se plaindre du mal qui pourra lui en advenir *(idem est scire, aut sç̆e debuisse vel potuisse. Ignorantia juris nocet)*. C'est là d'ailleurs une nécessité invincible, et l'on doit se contenter de la certitude morale que tout citoyen s'est trouvé dans les conditions nécessaires pour s'assurer des dispositions de la loi.

SECTION II.

DES DIFFÉRENTES FORMES DE PUBLICATION.

La publication matérielle peut seule donner au gouvernement l'assurance qu'il a rempli le devoir de faire connaître la loi. Mais quelle est la meilleure forme à donner à cette publication? C'est là une question qui a soulevé de grandes discussions.

§ Ier. *Des formes de publication proposées lors de la rédaction du Code civil.*

Autrefois la publication se faisait soit par insertion dans les registres des cours souveraines, soit par lecture en audience publique ou par affiches.

Lors de la discussion du Code civil, trois systèmes furent proposés :

I. On faisait résulter la publication de l'envoi des lois aux autorités chargées de les faire exécuter, et l'époque où elles devenaient obligatoires était celle de leur insertion dans les registres de ces autorités, et de leur lecture en audience publique.

Ce projet présentait de graves inconvénients. Il nécessitait une distinction entre les lois judiciaires et les lois administratives, les premières devant être envoyées aux cours d'appel, les secondes aux autorités administratives. La publicité n'était pas assez grande : car la lecture de la loi en audience publique était restreinte au lieu où se trouvait la cour d'appel, et il était physiquement impossible qu'à ce moment même tous les tribunaux du ressort et les citoyens en eussent connaissance. Le moment où la loi devenait obligatoire dépendait de la négligence ou du mauvais vouloir des autorités auxquelles le soin de la publication était confié. Enfin il était à craindre que plus tard les cours d'appel ne voulussent s'arroger le droit de remontrance, et qu'elles ne refusassent l'enregistrement des lois qui leur paraîtraient mauvaises, ou qui blesseraient les intérêts locaux.

II. Le second projet admettait, à partir de la promulgation, un délai uniforme de quinze jours, après lequel la loi serait obligatoire pour toute la France.

Ce système rendait l'exécution de la loi indépendante de la négligence ou du mauvais vouloir des autorités, mais il présentait d'autres inconvénients. Il retardait trop l'exécution des lois puisqu'elles n'auraient pu être obligatoires que vingt-cinq jours après leur adoption par le corps législatif, et ce défaut avait été si fortement senti que dans le projet se trouvait cette disposition : «ce délai pourra être modifié par la loi qui sera l'objet de la publication.» L'exécution de la loi serait arrêtée dans les départements qui la connaîtraient, et il serait injuste de les priver des avantages d'une loi utile, parce qu'à l'extrémité de la France se trouvaient quelques citoyens qui ne pourraient pas être avertis de son existence.

III. Enfin le troisième projet faisait dépendre l'exécution de la loi de la présomption qu'elle est connue dans chaque département après l'expiration d'un certain délai augmenté proportionnellement aux distances.

Les avantages de ce système sont : que la promulgation ne pouvant être connue que progressivement, il est juste de ne demander l'exécution de la loi que lorsque chacun peut en avoir connaissance : le mode progressif est l'image même de la vérité ; il est fondé sur la nature, et rend la loi exécutoire au moment même où elle peut être connue.

On a opposé qu'il n'était pas juste que dans un pays où tous les citoyens sont égaux devant la loi, les uns fussent astreints à l'exécution d'une loi, tandis que les autres en seraient encore exempts, et cela par rapport seulement à la disposition des lieux. Mais l'égalité qu'on invoque n'est pas violée, puisque tous ceux qui peuvent connaître la loi y sont tenus à mesure qu'ils en prennent connaissance ; que si les citoyens plus rapprochés du lieu de la promulgation sont astreints plus tôt que les autres à l'exécution d'une loi rigoureuse, d'autre part, ils jouissent plus tôt des lois favorables, et que par conséquent il y a compensation.

Enfin le moment de la promulgation est fixe et invariable, et l'on peut calculer facilement d'après les distances le moment où la loi deviendra obligatoire pour chacun.

§ II. *De la forme de la publication depuis la Constitution de l'an VIII jusqu'en 1816.*

La promulgation faite par le premier consul sera réputée connue dans le département où siégera le gouvernement un jour après celui de la promulgation ; et dans chacun des autres départements, après l'expiration du même délai, augmenté d'autant de jours qu'il y aura

de fois dix myriamètres, entre la ville où la promulgation en aura
été faite, et le chef-lieu de chaque département.

Telle était la disposition qui formait l'objet du troisième paragraphe
de l'article premier du Code civil.

Il n'y avait donc nulle forme officielle de publication. On disait que
la loi étant discutée publiquement, les citoyens étaient suffisamment
avertis de son existence par les feuilles publiques; qu'ils savaient que
la promulgation ne pouvait avoir lieu que dix jours après l'adoption
de la loi par le corps législatif, et que par conséquent ils pouvaient
facilement savoir à quelle époque la loi serait obligatoire pour eux,
en calculant le délai d'après la distance qui séparait le chef-lieu de
leur département, du lieu où la promulgation avait été faite. Pour
qu'il n'y eût aucun doute à cet égard, un arrêté du 25 thermidor, an
XI contenait le tableau des distances de Paris aux chefs-lieux des départements.

Aussi s'éleva-t-il bientôt la question de savoir à partir de quelle
époque les décrets et les règlements seraient obligatoires. Ils n'étaient
pas discutés publiquement et rien n'avertissait les citoyens de leur
existence.

Pour remédier à cet inconvénient, un avis du Conseil d'État, du 12
prairial an XIII, décida que les décrets et règlements seraient obligatoires : 1° pour ceux insérés au Bulletin des lois, du jour où il serait
parvenu au chef-lieu de chaque département; 2° pour ceux non insérés au Bulletin des lois, du jour où la connaissance en aurait été
donnée d'une manière quelconque par les fonctionnaires publics
chargés de leur exécution.

§ III. *Changements apportés à la forme de la publication par les ordonnances
de 1816 et 1817.*

Mais, lors de la Restauration, le sénat fut aboli, et en même temps
la disposition qui ordonnait de promulguer la loi dix jours après son
adoption. La promulgation pouvait avoir lieu le même jour que la

sanction ; et rien ne pouvait faire connaître le moment à partir duquel la loi était obligatoire.

Cet ordre de choses était si contraire à toute logique que, dès le 27 novembre 1816, parut une loi qui fit dépendre le moment où la promulgation prendrait date, de son insertion dans le Bulletin des lois et du jour, où ce Bulletin parviendrait de l'imprimerie royale au ministère de la justice, et le moment de l'arrivée du Bulletin est constaté sur un registre.

Nous avons déjà fait remarquer plus haut le vice de l'art. 1 de cette ordonnance qui paraît dire que c'est l'insertion au Bulletin qui est la promulgation. On peut encore reprocher à cette ordonnance de n'avoir rien réglé, pour qu'on pût connaître dans les départements le jour de la promulgation ; car il est évident que ce jour, n'étant constaté qu'à Paris sur un registre, il ne peut guère être connu que par ceux qui habitent cette ville. Cet inconvénient a été vivement senti et l'on y a remédié dans le fait, en indiquant chaque fois le jour de la promulgation au bas du Bulletin des lois.

Le gouvernement lui-même, dans un cas analogue, a modifié par l'ordonnance du 18 janvier 1817, l'art. 4 de la précédente ordonnance qui s'occupait du cas où l'exécution des lois et ordonnances devrait être hâtée. D'après cet art. 4, les lois devenaient exécutoires du jour qu'elles étaient parvenues au préfet qui devait en constater la réception sur un registre. L'ordonnance de 1817, se fondant sur ce que de cette formalité ne résultait pas une publicité suffisante, a enjoint aux préfets, de prendre sur-le-champ un arrêté pour faire imprimer et afficher ces lois qui deviennent alors exécutoires du jour où la publication en est faite.

SECTION III.

DES EFFETS DE LA PUBLICATION.

La publication rend la loi obligatoire pour tous les citoyens ; mais il faut qu'elle ait eu lieu pour qu'ils soient obligés. Entre la loi et le peuple pour qui elle est faite, il faut un moyen ou un lien de communication : car il est nécessaire que le peuple sache ou puisse savoir que la loi existe, et qu'elle existe comme loi (Portalis, exposé des motifs). *Non obligat lex nisi promulgata.*

La loi doit être exécutée dans le département de la résidence royale un jour après la promulgation, et dans les autres départements après le même délai augmenté d'un jour pour dix myriamètres (Cod. civ., art. 1., al. 3).

Le jour est franc : *dies à quo non computatur in termino;* ainsi une loi publiée le 10 janvier ne serait obligatoire à Paris que le 12.

Mais que décider si le chef-lieu d'un département est distant de Paris de dix myriamètres, plus une fraction: la loi y sera-t-elle obligatoire deux jours après la promulgation, ou seulement un jour après? En un mot considérera-t-on 14 myriamètres comme 20, ou seulement comme 10? La loi ne décide rien à cet égard, aussi trois systèmes ont été établis.

Le premier raisonne d'après la maxime : *major pars trahit ad se minorem,* et décide qu'il faut considérer 14 comme 10 et 16 comme 20; mais cette opinion ne repose sur aucun texte et est abandonnée.

Le second, défendu par Toullier, Delvincourt et M. Duranton, admet qu'il n'y a pas lieu d'augmenter le délai d'un jour, lorsque la distance est plus grande que dix myriamètres et moins grande que 20. Il se fonde sur ce que la loi ne distingue pas : *ubi lex non distinguit nec nos distinguere debemus,* et sur ce qu'elle établit positivement que ce n'est que par dix myriamètres que le délai doit être augmenté d'un jour. Les partisans de cette opinion citent à son appui un sénatus-consulte du 15 brumaire an XIII, qui a décidé la question dans ce sens.

Enfin la troisième opinion admet un jour en sus, quelle que soit la fraction de myriamètres. Les motifs, sur lesquels se fondent les partisans de ce système, sont :

1° Il est plus juste dans le doute de laisser plus de temps aux citoyens pour connaître la loi.

2º La présomption légale, établie par la loi, ne fait faire à la publication que dix myriamètres par jour, et, par conséquent, elle doit présumer qu'un jour ne suffit pas pour faire parvenir la loi au chef-lieu du département, situé à onze myriamètres de Paris.

3º L'art. 1er, al. 3 du Code civil établit positivement que ce n'est que pour le département de la Seine que la loi est exécutoire un jour après la promulgation et que pour *chacun* des *autres* départements elle ne l'est, qu'après l'expiration du même délai, augmenté d'autant de jours qu'il y a de fois dix myriamètres. L'art. 3 de l'ordonnance de 1816 contient identiquement la même disposition. Si donc on admet que le chef-lieu, distant de Paris de neuf myriamètres, jouit d'un jour de plus de délai, pourquoi n'admettrait-on pas le chef-lieu, distant de 19 myriamètres de Paris, à jouir de deux jours de plus? On peut citer, à l'appui de ce système, un arrêt de la Cour de cassation du 16 avril 1831.

Cette disposition du Code civil ne concerne pas les colonies, qui sont régies par des lois particulières (Ch. art. 64).

L'obligation, à laquelle sont assujétis les citoyens, d'observer les lois, est subordonnée à la connaissance qu'ils ont pu en acquérir, et s'il ne leur est pas permis en général de s'excuser, en prétextant l'ignorance de la loi, il y a cependant quelques cas où ils peuvent valablement employer ce moyen de défense. Ainsi, les communications avec un département ayant été entièrement interrompues par force majeure, telle qu'une inondation, l'occupation de l'ennemi, etc., la loi ne pourrait devenir obligatoire pour ce département que lorsque les communications seraient rétablies.

La connaissance de la loi résultant d'une présomption légale, il peut se faire que les citoyens connaissent en fait une loi avant qu'elle soit obligatoire pour eux. Dans ce cas peuvent-ils abandonner aussitôt l'ancienne pour suivre la nouvelle? Si la loi est d'ordre public, on ne peut y déroger, car les particuliers ne peuvent rien faire qui lui soit contraire (C. c., art. 6), et l'ancienne loi n'est pas encore abrogée. Mais si la loi est d'intérêt privé, les citoyens peuvent y déroger par des conventions particulières, qui n'ont toutefois d'effet qu'entre les parties contractantes (Merl. Dérogation , § 2).

L'art. 1er, al. 3 du Code civil n'indique pas si la loi, devenant obligatoire dans un département, elle oblige tant ceux qui y sont domiciliés , que ceux qui y sont simplement en résidence. De là s'est élevée la question de savoir si le moment, où la loi doit être exécutée pour chacun, est déterminé par le domicile ou par la résidence.

M. Demolombe pense que le système, qui ne considère que le domicile, et celui qui ne considère que la résidence, sont trop absolues, et il cherche à établir un troisième système, qui détermine le moment où la loi devient exécutoire pour chacun, tantôt d'après le domicile, tantôt d'après la résidence, suivant la nature des lois.

Ainsi, selon son opinion : 1° Les lois de police et de sûreté doivent obliger tous ceux qui se trouvent dans le département où elles sont exécutoires. En effet, d'après l'art. 3 du Code civil, elles sont obligatoires pour les étrangers, et à fortiori le seront-elles pour les Français.

2° Il en est de même pour les lois qui régissent les actes et les contrats : *locus regit actum* et les art. 47 et 170 du Code civil prouvent que la forme des actes est régie par les lois du lieu où ils sont faits.

3° Pour les lois réelles, on ne doit considérer que le domicile, argument *à fortiori* de l'art. 3 du Code civil, qui dit que les biens immeubles des étrangers en France sont régis par les lois françaises.

4° Enfin, les lois personnelles suivent partout la personne à laquelle elles s'appliquent, et, par conséquent, obligent tous ceux qui résident dans le département où elles sont exécutoires.

Il paraît difficile d'admettre que ce soit le lieu où l'on réside qui décide du moment où la loi est obligatoire. Car il n'y aurait plus rien de fixe ni de stable, et chacun pourrait être forcé de prouver qu'il résidait à tel moment dans tel département, ce qui donnerait matière à un grand nombre de contestations.

Enfin, le système qui admet que la loi est censée connue dans chaque département pour tous ceux qui y ont leur domicile légal, nous paraît le plus rationnel. En effet, la loi doit se borner à poser des règles générales fixes et invariables. Elle ne peut entrer dans le détail des intérêts particuliers, ni prévoir les cas exceptionnels qui peuvent se rencontrer : *ad ea potiùs debet aptari jus quæ et frequenter et facilè, quam quæ perrarò eveniunt* (l. 5, **D.** de leg.). D'après le système de M. Demolombe, qu'arriverait-il pour les lois qui sont à la fois personnelles et réelles ? Seraient-elles en partie obligatoires un jour, et en partie obligatoires le lendemain pour la même personne ? Ce système nécessite d'ailleurs des distinctions dans lesquelles la loi ne peut entrer.

Il sera facile, d'après cela, de résoudre la question de savoir quand le Français résidant en pays étranger sera obligé par la nouvelle loi. Ce sera du jour où elle sera parvenue au lieu de son domicile légal. Dans tout autre système, le Français à l'étranger ne saurait être astreint aux lois nouvelles, puisque la publication s'arrête aux frontières du royaume, et que, par conséquent, elle ne pourrait parvenir au lieu de sa résidence.

CHAPITRE III.

DE L'ABROGATION DES LOIS.

———

§ Ier. *Notions générales.*

L'abrogation est l'acte par lequel une loi, une coutume, un usage, sont abrogés, annulés, anéantis (Merl. abrogation). Il arrive souvent, en effet, que l'expérience démontre que des lois que l'on a cru bonnes pendant de longues années, sont défectueuses ou insuffisantes, et le législateur doit les modifier ou les changer selon que les circonstances l'exigent.

Ce n'est que celui qui a le pouvoir de faire les lois qui peut décider s'il y a lieu à les abroger; car, abroger une loi, c'est en faire une autre qui déclare la première nulle.

Les décrets impériaux, quoiqu'émanant du pouvoir exécutif, devenaient de véritables lois, quand le sénat ne les avait pas attaqués dans les dix jours de leur date. Ce n'est donc que le pouvoir législatif qui peut les abroger.

§ II. Des différents modes d'abrogation de la loi.

Il y a deux espèces d'abrogations : l'abrogation expresse et l'abrogation tacite. La première a lieu quand la loi nouvelle abroge littéralement l'ancienne; la seconde, lorsque la loi postérieure contient des dispositions incompatibles avec celles de la loi antérieure.

L'abrogation expresse ne peut donner lieu à aucune difficulté, puisque le législateur exprime formellement sa volonté. On peut citer pour exemples d'abrogation expresse la loi du 30 ventôse an XII, qui abroge toutes les lois romaines, ordonnances et coutumes antérieures au Code civil, et la loi du 8 mai 1816, qui abolit le divorce.

L'abrogation tacite peut avoir lieu dans plusieurs cas que nous allons examiner successivement.

1° Lorsqu'une nouvelle loi contient des dispositions incompatibles avec celles d'une loi antérieure, celle-ci cesse d'avoir son effet, et est abrogée. En effet, quand deux dispositions du législateur sont en opposition, c'est la dernière qui doit prévaloir, puisqu'on doit supposer qu'il a changé de volonté, en réglant une seconde fois la matière qu'il avait déjà traitée.

2° L'abrogation ne se présume pas : par conséquent si les deux lois ne sont pas incompatibles entre elles dans toutes leurs dispositions, elles s'expliqueront et se compléteront l'une par l'autre : *Posteriores leges ad priores pertinent nisi contrariæ sint* (L. 28, D. de leg., Cass. 24 avril 1809; cass, 20 octobre 1809).

3° Une loi nouvelle abrogeant une loi ancienne, tous les corollaires de celle-ci sont aussi abrogés. Ils ne tenaient, en effet, leur force que de la loi dont ils étaient des conséquences ; celle-ci venant à leur manquer, ils tomberont avec elle : *accessorium sequitur principale* (Montpellier, 21 nov. 1829).

4° Deux lois, statuant sur la même matière, la loi postérieure abroge la loi antérieure, même quant aux dispositions qui ne sont pas incompatibles entre elles. En effet, le législateur ayant voulu tracer un système complet de législation, il est à présumer que s'il a passé sous silence quelques dispositions de la loi précédente, c'est qu'il les a jugées inutiles ou contraires à son système (Cass. 7 février 1840, av. du Cons. d'Ét. du 8 février 1812).

5° La loi peut encore être abrogée tacitement par l'expiration du temps pour lequel elle a été faite, mais ce mode d'extinction ne peut en général avoir lieu que pour des lois spéciales, destinées à quelques cas particuliers ou nécessitées par des circonstances momentanées. Telle est la loi de 1808 sur les juifs, qui fut portée pour dix ans, avec la mention que si elle n'était pas prorogée, elle n'aurait plus d'effet. Le pouvoir législatif ne s'en étant plus occupé, elle a cessé d'exister en 1818.

§ III. *De l'abrogation des lois par la désuétude et l'usage contraire.*

Une grande question s'est élevée par rapport à l'abrogation : la loi peut-elle être abrogée par la désuétude ou l'usage contraire ?

Il ne peut être ici question des usages sanctionnés par la loi et qui en suivent le sort, tels que ceux dont parle le Code civil art. 663, 671, 1736, 1745, etc. ; ni de ceux qui ne sont pas contraires à la loi, et qui ne lient que les particuliers qui veulent bien s'y soumettre.

Mais on a prétendu que l'usage contraire à la loi pouvait l'abroger. Les partisans de ce système, parmi lesquels se trouvent Toullier, M. Duranton, Merlin, se fondent sur la loi 32, D. de leg. *Invoterata consuetudo pro leye non immeritò custoditur.* La loi, disent-ils, est l'expression de la volonté générale : peu importe donc que cette volonté s'exprime par des actes ou par des paroles. «Toutes les lois, dit le chancelier d'Agues-«seau, sont sujettes à tomber en désuétude, et il est bien certain que «quand cela est arrivé, on ne peut plus tirer un moyen de cassation «d'une loi qui a été abrogée tacitement par un usage contraire.» On cite encore à l'appui de cette opinion plusieurs arrêts (Cass., 9 novembre 1813 et 15 janvier 1818; Bordeaux, 17 juin 1826).

Nous répondrons à ceux qui défendent cette opinion : 1° Que la loi 32 de leg. est combattue par la loi 2, C. *quæ sit long. cons.*, qui admet que l'usage a une grande autorité, mais qu'elle ne va pas jusqu'à détruire celle de la loi et que d'ailleurs le système de législation romaine sous ce rapport n'est plus le nôtre.

2° Avant le Code civil, dans un temps où les usages avaient bien plus d'autorité que de nos jours, les arrêts portés d'après la loi et contre les usages reçus, ne pouvaient être cassés de ce chef. (Merl., coutume, § 2).

3° La volonté générale de trente-cinq millions d'habitants ne peut être facilement appréciée. On conçoit qu'à Rome où tout ce qui concernait la vie matérielle se faisait par les esclaves, les citoyens pussent donner tout leur temps à la république : mais il n'en est plus de même en France, et la devise de tout gouvernement constitutionnel doit être : tout pour le peuple et rien par le peuple. D'ailleurs le pouvoir législatif est divisé et ne peut être exercé pour le peuple, que par ses délégués.

4° En fait, depuis que le Code civil a été promulgué, il ne s'est pas encore écoulé un espace de temps assez long pour qu'il ait pu s'établir un usage contraire à la loi.

5° Les premiers actes qui auraient servi à établir un usage contraire à la loi auraient été entachés d'un vice radical, et par conséquent n'auraient pu valablement servir à établir cet usage; *quod ab initio vicio sum est non potest tractu temporis convalescere.*

4

6° Enfin si une loi est véritablement mauvaise, il est très-facile de présenter un nouveau projet de loi tendant à l'abroger. C'est là en effet un moyen légal qui serait toujours plus prompt et plus juste que l'établissement d'un usage. D'ailleurs le système contraire présenterait de grands dangers en ce que l'on pourrait prétendre souvent que l'usage a abrogé la loi, ce qui soulèverait des contestations interminables.

On a encore prétendu que lorsque les motifs, sur lesquels la loi est fondée, viennent à cesser, cette loi perd par cela même son existence : *cessante ratione legis, cessat lex.* Il se peut, en effet, que les circonstances, pour lesquelles une loi a été faite, ne subsistent plus ; mais la loi n'existe pas moins, seulement elle ne peut plus produire d'effet. Que les circonstances, qui ont motivé la loi, viennent à renaître, et la loi devra alors être exécutée, sans qu'il soit besoin que le législateur l'exprime de nouveau.

D'ailleurs, quel pouvoir autre que le pouvoir législatif serait compétent pour décider que les motifs de la loi ont cessé d'exister? Seraient-ce les tribunaux? Mais on tomberait alors dans l'inconvénient qu'a voulu éviter l'art. 5 du Code civil, en défendant aux juges de prononcer par voie générale et réglementaire.

Les tribunaux, pour faire tomber une loi qu'ils jugeraient mauvaise, ne manqueraient pas de prétendre que les motifs, qui l'ont fait porter, ne subsistent plus.

Il y a donc un principe important, qui domine toute cette matière : c'est qu'au législateur seul appartient le pouvoir d'abroger la loi.

DROIT COMMERCIAL.

DES DROITS DES CRÉANCIERS HYPOTHÉCAIRES ET PRIVILÉGIÉS SUR LES IMMEUBLES DU FAILLI.

SECTION PREMIÈRE.

GÉNÉRALITÉS.

La section III du Code de commerce, représente la section II du Code de 1807. Elle comprend autant d'articles et les mêmes dispositions que l'ancien Code ; on y a seulement fait une addition nécessaire : on y a compris les créanciers privilégiés sur les immeubles.

La faillite respecte tous les droits valablement acquis : les créanciers privilégiés et hypothécaires sur les immeubles du failli ont donc un droit réel que la faillite de leur débiteur ne peut leur enlever, puisqu'il est indépendant des circonstances ultérieures. Ce droit subsiste dans toute sa force, et ces créanciers doivent être payés intégralement sur le prix des immeubles affectés à leurs créances. Ils jouiront donc d'un double droit : 1º Du droit de préférence et de suite, qui leur est conféré par leur privilége ou leur hypothèque ; 2º Du droit, qui est accordé par l'art. 2093 du Code civil à tout créancier, de se faire payer sur tous les biens du débiteur.

La position des créanciers hypothécaires et celle des créanciers privilégiés sur les immeubles étant identiques par rapport aux créanciers chirographaires du failli, les dispositions qui concernent les uns, concernent aussi les autres. Tout ce que nous dirons des créanciers hypothécaires, s'appliquera donc aussi aux créanciers privilégiés sur les immeubles.

Les difficultés qui se sont élevées sur cette matière proviennent de la nécessité de concilier les intérêts des créanciers chirographaires et ceux des créanciers hypothécaires. En effet, si le créancier hypothécaire n'est pas intégralement payé sur le prix de l'immeuble affecté à sa créance, il reste créancier chirographaire pour le surplus. Mais pour connaître la position du créancier hypothécaire, il faut que les immeubles affectés à sa créance soient vendus; car alors seulement on pourra savoir si le prix qu'on en a retiré suffit ou ne suffit pas au paiement de sa créance. Cependant, il arrive rarement que la vente des immeubles précède celle des valeurs mobilières, parce que la première n'a ordinairement lieu que sous le régime de l'union, lorsqu'on ne peut plus espérer un concordat.

Il y avait donc deux inconvénients à éviter. D'une part, si les créanciers chirographaires étaient payés sur la masse des deniers non affectés de priviléges et d'hypothèques, à l'exclusion des créanciers hypothécaires, il pourrait se faire que ces derniers ne fussent colloqués que pour partie, ou ne fussent pas utilement colloqués sur le prix des immeubles lors de la vente de ceux-ci. Et l'actif de la faillite étant déjà épuisé, leur droit comme créanciers chirographaires ne pourrait produire d'effet, puisque : 1º dans les faillites, on ne peut jamais être tenu de rapporter ce qu'on a reçu, car le créancier n'étant jamais payé en totalité, ne peut être soumis à la répétition *causâ indebiti;* 2º si l'on voulait faire rapporter aux créanciers ce qu'ils ont reçu, on léserait le principe de rapidité et d'économie qui domine l'administration des faillites, en ce qu'il faudrait procéder à une nouvelle répartition, qui prolongerait indéfiniment la durée de l'administration des syndics.

D'autre part, si l'on attendait que les immeubles fussent vendus, pour procéder à la distribution des deniers qui se trouvent dans la caisse de la faillite, on nuirait aux créanciers chirographaires qui peuvent avoir besoin de l'argent qui leur est dû et qui ont intérêt à ce que tout se termine le plus tôt possible.

Nous allons voir comment le législateur est parvenu à résoudre ces difficultés.

SECTION II.

DISPOSITIONS DU CODE DE COMMERCE (552-556).

Le créancier hypothécaire, qui n'est pas payé intégralement, ou dont l'hypothèque ne produit aucun effet, parce qu'il est primé par d'autres créanciers qui lui sont préférables, n'a plus de cause de préférence pour ce qui lui reste dû, mais devient créancier chirographaire. Cette règle résulte évidemment de l'art. 556. L'art. 553 du Code de 1807 portait : « les créanciers hypothécaires qui ne viennent point en ordre utile seront considérés comme purement et simplement chirographaires. » L'art. 556 de notre Code a conservé cette disposition, sauf quelques modifications ; ainsi, il a retranché les mots hypothécaires, purement et simplement, comme inutiles. Il a ajouté que les créanciers hypothécaires qui seront considérés comme chirographaires, seront soumis aux effets du concordat et de toutes les opérations de la masse chirographaire. Cette disposition a pour but de ne permettre nul doute à cet égard, doute qui aurait pu résulter de ce que les créanciers n'ont concouru ni à la formation, ni au vote du concordat. Mais cette règle résulte évidemment de l'art. 516, qui dit, que tous les créanciers, vérifiés ou non, sont soumis au concordat. Ainsi, si un créancier a hypothèque sur une maison pour une créance de 20,000 fr., et que la vente de cette maison ne produise que 10,000 fr., il prendra ces 10,000 fr. et restera chirographaire du failli pour la même somme.

Deux cas peuvent se présenter par rapport au paiement des créanciers du failli : ou bien les immeubles seront vendus avant les meubles, ou bien, ce qui arrivera ordinairement, la distribution des derniers, appartenant à la masse chirographaire, aura lieu avant la vente des immeubles.

1er cas. Si l'ordre du prix des immeubles est réglé avant la distribution des deniers de la masse chirographaire, il n'y aura nulle difficulté. On saura ce qu'ont produit les immeubles, et par conséquent ce qui revient aux créanciers hypothécaires. Si l'hypothèque de ceux-ci est efficace, et qu'ils soient payés intégralement, ils n'ont plus aucune prétention à élever et doivent se retirer. Si le prix, provenant des immeubles vendus, excède la créance, pour laquelle ils étaient hypothéqués, le surplus entre dans l'actif de la faillite pour être distribué entre les créanciers chirographaires. Si, au contraire, la vente des immeubles hypothéqués ne suffit pas pour payer les créanciers hypothécaires, ceux-ci prennent d'abord la part qui leur revient d'après leur hypothèque sur le prix provenant de cette vente, et restent créanciers chirographaires pour ce qui leur est encore dû (552).

Il en est de même, lorsque l'ordre du prix des immeubles se fait concurremment avec la distribution mobilière. Il faut entendre par deniers appartenant à la masse chirographaire, tous ceux qui ne sont pas affectés à des priviléges ou à des hypothèques : ainsi les créances rentrées, le prix des immeubles non hypothéqués, etc. L'art. 552 a ajouté à l'ancienne loi : «pourvu que les créances (hypothécaires) aient été vérifiées et affirmées.» Cette disposition est surabondante, car nul ne peut être admis à une faillite, s'il n'a fait vérifier, et s'il n'a affirmé sa créance.

2e cas. La distribution mobilière, ayant lieu avant l'ordre du prix des immeubles; cette hypothèse est la plus fréquente, puisqu'en général, la vente des immeubles n'a lieu que sous le régime de l'union, lorsqu'on ne peut plus espérer de concordat. L'art. 540 du Code de 1807, contenait un vice de rédaction : «si la vente du mobilier, disait-il, précède celle des immeubles....» cette expression est inexacte, car on peut procéder à une distribution mobilière sans vendre des meubles; par exemple, lors de la rentrée des créances. L'art. 553 de notre Code a évité cette erreur, mais il est tombé dans une autre : l'expression *deniers mobiliers* dont il se sert est vicieuse, puisqu'il n'y a pas de deniers qui soient immobiliers. Il entend par là les deniers sur lesquels il n'y a pas droit de préférence.

Dans l'hypothèse, que nous examinons maintenant, les immeubles affectés à des hypothèques, ne sont pas encore vendus; on ne peut donc savoir s'ils seront suffisants ou non pour désintéresser les créanciers hypothécaires. Dans le doute, on les admet à concourrir comme chirographaires pour la totalité de leurs créances, sauf, le cas échéant, à faire certaines distractions après la vente des immeubles (553).

Lorsque la vente des immeubles est faite, le créancier hypothécaire, qui a déjà obtenu une partie proportionnelle de sa créance dans la distribution des deniers de la masse chirographaire, peut: 1° être colloqué pour la totalité de sa créance sur le prix des immeubles; 2° ne pas venir en rang utile; 3° n'être colloqué que pour une partie de sa créance.

1° Si la vente des immeubles produit suffisamment pour payer intégralement le créancier hypothécaire, comme il a déjà touché une partie de sa créance, il serait injuste qu'il touchât encore la totalité de ce qui lui était dû. Il sera cependant colloqué pour le tout, car sans cela les sommes, sur lesquelles il ne serait pas colloqué, tourneraient au profit des autres créanciers hypothécaires, qui pourraient venir après lui; tandis que ce qu'il avait déjà touché, avait été fourni par la masse chirographaire. Mais il ne prendra que ce qui lui est dû, déduction faite de ce qu'il a reçu, et le reste du montant de sa collocation sera versé dans la caisse de la faillite pour être réparti entre les créanciers chirographaires (554).

3° Si le créancier hypothécaire ne vient point en ordre utile, les choses resteront dans le même état, puisqu'il ne cessera point d'être considéré comme chirographaire.

3° S'il n'est colloqué que pour partie de sa créance, il sera à la fois créancier hypothécaire pour le montant de sa collocation, et créancier chirographaire pour le surplus de sa dette. Il a été considéré dans la précédente répartition comme créancier chirographaire pour la totalité de sa dette, et par conséquent, il a reçu plus qu'il ne lui revenait comme tel. Il ne prendra donc, sur le montant de sa collocation, que ce qui lui est nécessaire pour parfaire la somme à laquelle il a droit, et le reste sera versé dans la caisse de la faillite (555).

Nous allons rendre ces dispositions plus claires par un exemple : Supposons que dans une faillite il y ait trois créanciers hypothécaires sur un immeuble ; Jean pour 20,000 fr., Pierre pour 18,000 fr., et Paul pour 10,000 fr. La faillite paie 50 pour cent. Dans la distribution mobilière ces créanciers seront considérés comme chirographaires et Jean recevra 10,000 fr., Pierre 9,000 fr. et Paul 5,000 fr.

On procède ensuite à la vente de l'immeuble hypothéqué qui produit 50,000 francs. Jean venant le premier en rang, sera colloqué pour 20,000 fr. ; mais comme il en a déjà reçu 10,000 ; il ne prendra que 10,000 francs sur le montant de sa collocation, et le reste sera versé dans la caisse de la faillite. Pierre sera colloqué pour le reste, c'est-à-dire pour 10,000 francs. Mais il est créancier de 18,000 fr. Il restera donc créancier chirographaire de 8000 fr. Si l'ordre du prix de l'immeuble avait eu lieu avant la distribution mobilière, il aurait eu à recevoir d'abord 10,000 fr. comme créancier hypothécaire, puis 4000 fr. comme chirographaire, en tout 14,000 fr. Il prendra donc 5000 fr. sur le montant de sa collocation, ce qui fait avec les 9000 fr. qu'il a déjà touchés les 14,000 fr. auxquels il a droit. Enfin Paul ne venant pas en ordre utile, restera créancier chirographaire de 10,000 fr. et il aura reçu tout ce qui lui revenait.

FIN.

www.ingramcontent.com/pod-product-compliance
Lightning Source LLC
Chambersburg PA
CBHW060506210326
41520CB00015B/4119